A. Ketschau

Das andere Pferdebuch

Bibliografische Information der Deutschen Nationalbibliothek:

Die Deutsche Nationalbibliothek verzeichnet diese Publikation in der Deutschen Nationalbibliografie; detaillierte bibliografische Daten sind im Internet über

http://dnb.d-nb.de abrufbar.

© 2021

Herstellung und Verlag: BoD – Books on Demand, Norderstedt

Ketschau, A.

Das andere Pferdebuch

ISBN 9783755741541

Dölepferd

Wahrscheinlich wurde die Stammform des Hauspferdes, das Wildpferd, um 3000 v. Chr. in Zentralasien domestiziert. Eine Auswer-
tung der mitochondrialen DNS (Desoxyribonucleinsäure; Träger
der Erbinformationen (Gene)) von heutigen Hauspferden und
von Fossilien ausgestorbener Arten lassen darauf schließen, dass
die Domestikation des Pferdes nicht an einem, sondern unabhän-
gig voneinander an mehreren Orten stattgefunden hat. Untersuchungen an mitochondrialer DNS haben 2002 gezeigt, dass es zu-
mindest 77 Stammtypen an Stuten gab. Mit der Zeit wurden
diese verschiedenen Stammtypen wahrscheinlich untereinander
gekreuzt bzw verbreiteten sich.

Das Hauspferd entwickelte sich aus vier verschiedenen Wildformen in Eurasien, die sich möglicherweise aus getrennten amerikanischen Einwanderungsgruppen gebildet hatten. Diese Formen werden meist mit Typ 1–4 bezeichnet.

- Typ 1 – Urpony/Nordpony
- Typ 2 – Tundrenpferd
- Typ 3 – Urwarmblüter/Steppenpferd
- Typ 4 – Uraraber

Die Domestizierung des Pferdes brachte den Menschen große Vorteile. Weite Strecken waren in viel kürzerer Zeit zu überwinden, das Pferd wurde als Fleischlieferant genutzt und auch bei kriegerischen Auseinandersetzungen eingesetzt. Man setzte Pferde auch als Zugtiere (z.B. vor dem Pflug oder Streitwagen) ein. Es gibt Funde von Pferderesten aus der Altsteinzeit, und auch nach der letzten Eiszeit lassen sich Pferdereste nachweisen. Wann das Pferd genau domestiziert wurde, ist ungewiss, da man Wild- und Haustierknochen nur schwer von einander differenzieren kann.

Gab es im Frühen Mittelalter nur relativ geringe preisliche Unterschiede, waren Reitpferde im Hochmittelalter wesentlich teurer als Zugpferde und überwiegend dem Adel vorbehalten. Durch den Einsatz von berittenen Kämpfern in Schlachten bildete sich die Schicht der Ritter heraus. Daraus entstand später die klassische höfische Reitkunst.

Als älteste Pferderasse gilt der Araber, der im 9. Jahrhundert nach Mitteleuropa kam und seither viele andere Rassen beeinflusste.

Die amerikanischen Wildpferde waren vor der Besiedlung durch den Menschen ausgestorben. Spanier brachten Hauspferde nach Amerika. Einige der Pferde entliefen und bildeten Herden freilaufender Mustangs. Daraufhin begannen auch die Indianer, Pferde zu halten und zu züchten. Die Pferde ermöglichten den Völkern der Prärien Nordamerikas eine größere Mobilität. Sie waren auch vorteilhaft beim Transport bzw dem Umzug des Lagers oder bei der Jagd.

Aus dem großen, schweren Pferdetypus der mittelalterlichen Ritter entwickelten sich die heutigen Barockpferde, wie Andalusier oder Lipizzaner. Das englische Vollblut entwickelte sich im 17. Jahrhundert in England. Es ist temperamentvoll, schnell und ausdauernd und gehört heute zu den beliebtesten Rassen auf Galopprennen. Als Transport- und Arbeitstier und ist das Pferd heute vielerorts verdrängt worden. Dennoch wird es in Land- und Forstwirtschaft gerne eingesetzt, wo es möglich und sinnvoll erscheint. Inzwischen ist das Pferd zum Freizeit- und Sportpartner avanciert, wird aber auch in anderen Bereichen (z.B. als Therapiepferd) gerne und mit Erfolg eingesetzt.

Es gibt verschiedene Typen von Pferden. Im Wesentlichen unterscheidet man Ponies, Kleinpferde, Vollblüter, Warmblüter und Kaltblüter. Diese Typen unterscheiden sich in den Körperformen, der Größe und dem Temperament. Die Typen unterteilen sich dann nochmals in verschiedene Rassen. Um Rassen zu veredeln wurden und werden häufig andere Rassen eingekreuzt. Häufig waren und sind dies Araber, Berber und seit ca. 200 Jahren auch Vollblüter.

Vollblüter: Vollblüter gehen zu großen Teilen auf Arabische Pferde zurück. Mit der Bezeichnung sind meistens Araber, Vollblutaraber oder Englische Vollblüter gemeint. Sie werden gerne zur Veredelung anderer Rassen eingesetzt und überwiegend als Rennpferde im Galopprennsport benutzt.

Kaltblüter: Kaltblüter haben meistens ein relativ hohes Körpergewicht und ein ruhiges Temperament. Hier und da gibt es aber auch leichtere Kaltblüter oder Rassen, die im Typ zwischen Warm- und Kaltblütern stehen (wie die Haflinger) oder die gar im Typ zwischen Ponys und Kaltblütern stehen (wie die Tinker Ponys, die auch als Cob-Typ gelten, eine etwas stämmigere Form, die nicht eindeutig Kaltblütern oder Ponies zugeordnet wird).

Warmblüter: Der Warmblüter steht im Typ zwischen Kalt- und Vollblutpferd und vereint Merkmale beider Typen. Die Bezeichnung bezieht sich auf Temperament und Körperformen, nicht auf die Körpertemperatur, die bei allen Pferden bei ca. 38 °C liegt. Warmblüter sind nicht so schlank und grazil gebaut wie Vollblüter, aber auch nicht so massig wie Kaltblüter. Dennoch tendieren die einzelnen Rassevertreter mehr zu je den Kalt- oder Vollblütern hin – je nach Rasse und Typ. Ein Pferd zwischen Warm- und Kaltbluttyp ist z.B. der Haflinger, der zwar nicht als Kaltblut gilt, sondern als Kleinpferd im schweren Warmbluttyp, aber während einige Haflinger leichter und beweglicher sind und im Freizeittyp stehen, gibt es auch einige Linien, die kräftigere Tiere hervorbringen, die ein wenig an kleine, leichte Kaltblüter erinnern. Dazwischen sind die Typen breit gefächert. Häufig werden Haflinger auch mit Arabern gekreuzt, das Ergebnis nennt man Hafloaraber, Arabohaflinger oder Edelbluthaflinger.

Pony: kleines Pferd mit einer Schulterhöhe bis allgemein 147 cm; stämmiger Typ.

Kleinpferd: kleines Pferd, das allgemein 147 cm oder weniger erreicht, aber eher einem Pferd, weniger dem Ponytyp ähnelt. Pferde über 148 cm werden **Großpferde** genannt.

Miniaturpferd: Miniaturpferde sind Pferde mit einer Schulterhöhe unter 86 cm, die aber aufgrund ihrer Anatomie nicht den Ponies zuzuordnen sind (z.B. das Falabellapferd). Sie sehen aus wie normale Großpferde, nur eben verkleinert.

Halbblüter: manchmal bezeichnet man Warmblüter als Halbblüter, manchmal sind mit der Bezeichnung aber auch Kreuzlinge zwischen einem Vollblut und einer anderen Rasse gemeint.

Oben; Dartmoorpony. Unten: Shire Horse.

Araber.

Italienisches Kaltblut

Das **Dartmoorpony** ist ein wunderschönes, gutmütiges Pony, das aus Dartmoor, einem kargen Moorgebiet in Devonshire im Südwesten Englands stammt. Es ist einem stark verkleinerten, leichten Kaltblüter nicht unähnlich. Erstmals urkundlich erwähnt wurde es 1012 im Testament des Bischofs Aefwold. Es ist mit dem Exmoorpony verwandt, aber im Gegensatz zu diesem wurde öfter Fremdblut beim Dartmoorpony eingekreuzt. So kamen orientalische Pferde zum Einsatz, aber auch Vollblut, Hackney und Cob. Dennoch ist das Dartmoorpony bis dahin ein ursprüngliches Pony geblieben. Später, etwa Mitte des 19. Jahrhunderts, forderte der Bergbau ständigen Nachschub an kleinen Ponies. Man kreuzte

12

Shetländer ein. Die Zucht erlebte einen Zusammenbruch. Mit der Eröffnung eines Dartmoorpony-Registers im Stutbuch des Poloponyclubs 1899 wurde das Dartmoorpony gerettet. Der Zweite Weltkrieg forderte jedoch auch Opfer unter den Dartmoorponies. Das Dartmoorpony wurde zwar vor dem Aussterben bewahrt, ist aber leider heute eine relativ seltene Rasse. Stockmaß ca. 125 cm. Alle Farben außer Schecken erlaubt, die zwar hin und wieder fallen, aber

Przewalskipferd, auch Tachi, Asiatisches Wildpferd oder Mongolisches Wildpferd genannt.

nicht eingetragen werden. Füchse und Schimmel kommen eher selten vor; überwiegend finden wir bei den Dartmoorponies Braune,

Schwarzbraune und Rappen. Das Dartmoorpony ist ein beliebtes Kinder- und Kutschenpony, aber auch als „Haustier" bei Liebhabern anzutreffen. Das Dartmoorpony ist leider selten, hat aber auch in Deutschland Züchter und Anhänger, die sich um seine Erhaltung bemühen.

Das **Przewalskipferd** gilt als letztes überlebendes eurasisches Wildpferd, doch neueren Untersuchungen zufolge könnte es sich auch um verwilderte Nachkommen bereits domestizierter Pferde handeln. Das ist jedoch nicht endgültig geklärt. Widerristhöhe ca. 120-146 cm. Farbe: Falben oder Braune in allen Nuancen; schwarzer Schweif und schwarze Stehmähne; helles Maul, Bauch ebenfalls heller. Dieses Pferd gilt als unzähmbar und teilweise aggressiv dem Menschen gegenüber. Es ist in der freien Wildbahn selten geworden. Inzwischen bemühen sich einige Wildparks und Zoos um eine Nachzucht.

Rocky-Mountain-Pony

Fjordpferd

Der **Haflinger** ist ein Kleinpferd zwischen Warm- und Kaltbluttyp, wird allgemein aber eher dem Warmblut zugeordnet. Wahrscheinlich gab es in den Alpen schon früh ein kräftiges, kaltblutähnliches Kleinpferd, das als Lastentier eingesetzt wurde. Es besteht wohl auch eine Verwandtschaft zum Noriker. Die Ostgoten ließen nach ihrer Niederlage gegen Byzanz bei Conza (555 n. Chr.) ihre Pferde in den Tälern Tirols zurück. Möglicherweise führten diese Pferde schon Arabergene. Offensichtlich gab es auch einen Burgunder Hengst, der dem Haflinger schon recht ähnlich war und für viele Nachkommen sorgte. Der moderne Haflinger hat seine Wiege im Etsch- und Sarntal, die heute zu Südtirol gehören. Namensgeber für die Rasse war das Dorf Hafling. Die allermeisten heutigen Haflinger dürften auf den Hengst 249-Folie und seinen Vater

El'bedavi zurük gehen. El'bedavi stammte aus Radautz und war ein Halbaraber. Sein Sohn 249-Folie stammte aus einer veredelten Landstute des Bauern Folie aus Schlanders im Venostatal. Der Haflinger gilt als typischer Österreicher, wird aber auch in Italien unter dem Namen Avenglignese gezüchtet. Doch nicht nur in Österreich und Italien sind Haflinger beliebt. Sie werden auf allen Kontinenten und in über 30 Staaten gezüchtet. Haflinger sind beliebte Freizeit-, Arbeits- und Therapiepferde. Wenn man keine Höchstleistungen erwartet, machen einige Rassevertreter auch auf Springturnieren und in der Dressur eine gute Figur, wenn auch in den „kleineren" Klassen. Der gutmütige, bildschöne und langlebige Haflinger (Haflinger können weit über 40 Jahre alt werden!) hat allgemein ein Stockmaß zwischen 138 und 150 cm. Haflinger sind ausschließlich Füchse in allen Nuancen mit hellem Langhaar. Weiße Abzeichen am Kopf sind zugelassen, an den Beinen unerwünscht.

Das aus Norwegen stammende **Dölepferd** ist dem Dalespony ähnlich. In jüngerer Zeit wurden Traber und Englische Vollblüter in das Dölepferd eingekreuzt. U.a. wurden auch der Norikerhengst „Partisan" (später „Odin" genannt) und der Araberhengst „Mazarin" eingekreuzt. Das Dölepferd ähnelt stark dem Nordschweden, mit dem es ebenfalls oft gekreuzt wurde. Das Dölepferd ist vor allem als Zug- und Wirtschaftspferd beliebt. Widerristhöhe 145-155 cm. Es gehört zu den kaltblütigen Rassen. Farben: Brauner, Schwarzbrauner, Rappe, Schimmel, Isabell.

Dartmoorpony

Paint Horse/ Pinto

Exmoorpony

Shetlandponies

Palomino

Belgisches Kaltblut

Welsh Mountain Pony

Tinker

Das **Shire Horse** stammt aus England. In den englischen Midlands existierte schon im 16. Jahrhundert ein Schlag von Karrenpferden, die Ähnlichkeit mit dem Shire Horse aufwiesen. Robert Bakewell kreuzte um 1760 Friesenstuten mit einem Rapphengst aus Leicester. Man bemühte sich, die alten Linien zu erhalten und weiter zu kreuzen. Der Hengst Honest Tom war Ende des 19. Jahrhunderts ein beliebter Deckhengst. Er sorgte für 139 registrierte Nachkommen. Der Hengst Harold gewann zehn Championate und ist heute in fast allen bekannten Shire-Horse-Linien vertreten. Das Shire Horse ist noch heute ein beliebtes Arbeitspferd. Brauereien in England halten noch heute häufig Shire-Gespanne zu Werbezwecken. Mit ca. 170-190 cm Widerristhöhe und einem Gewicht von bis zu einer Tonne ist das Shire Horse ein wahrer Gigant unter den Rassepferden. Wir finden unter den Shire Horses überwiegend Rappen, Braune und

Schimmel, ab und zu kommen auch einmal Schwarzbraune und Füchse vor. Häufig finden sich weiße Abzeichen an Kopf und Beinen.

Friese

Haflinger

Rot-weiß geschecktes Ponyfohlen.

Araber

Haflingerstute mit Fohlen

Der **Araber** ist eine sehr alte Rasse. Mit den Eroberungskriegen im Islam begann die Reinzucht des Arabers. Die Abstammungen der Pferde wurden mündlich weitergegeben. Der Verkauf guter Pferde an Ungläubige war untersagt. Die Rasse und Weiterzucht wird von der WAHO (World Arab Horse Organization) betreut. Araber werden heute überwiegend zum Veredeln anderer Rassen eingesetzt sowie im Distanzsport und als Freizeit- und Showpferde. Der Araber ist ein weltweit gesuchtes „Luxuspferd", das hauptsächlich auf Shows gezeigt wird. Gerade Vollblutaraber oder rein im Stamm gezogene Araber (Asil-Araber) bringen hohe Geldpreise ein. Araber sind hart und ausdauernd, was man hauptsächlich bei von Arabern dominierten Distanzrennen beobachten kann. Araber sind auf der ganzen Welt beliebt. 145-155 cm. Alle Farben außer Schecken, die zwar hin und wieder vorkommen, aber keine Zuchtzulassung erhalten.

Lipizzaner

Araber

Welsh Pony

Das **Quarter Horse** ist ein typisches Westernpferd. Aus Verkreuzungen zwischen spanischen und englischen Pferden entstand im 17.-18. Jahrhundert ein Schlag von Reit- und Arbeitspferden in den amerikanischen Kolonien Virginia und Carolina. Die Pferde wurden auch für Kurzstreckenrennen über die Dorfstraßen, die eine Viertelmeile lang waren, eingesetzt. Viertel heißt im Englischen „Quarter", daher kommt der Rassename Quarter Horse. Später wurde das Quarter Horse ein beliebtes Pferd zum Rinderhüten, das Intelligenz, Ruhe und Wendigkeit ausstrahlte. Die Pferde verfügen über den „Sinn für Rinder", den „cow-sense". Das Quarter Horse ist als Hüte-, Renn-, Rodeo- und Freizeitpferd gleichermaßen beliebt. 1940 wurde die American Quarter Horse Association in Amarillo, Texas, gegründet. Stockmaß 148-155 cm. Farben: Fuchs, Brauner, Falbe, Rappe, Isabell.

Isländer

Das **Rocky-Mountain-Pony** (auch Rocky-Mountain-Horse genannt) geht zurück auf den Hengst Old Tobe, der wegen seiner Rittigkeit und Töltveranlagung bekannt war. Sam Tuttle, sein Eigentümer, betrieb in Kentucky einen Reitstall.

Rocky-Mountain-Pomies sind trittsicher, ausdauernd und als Geländeponies beliebt. Das Stutbuch wurde 1986 eröffnet und 2004 wieder geschlossen. Das Rocky-Mountain-Pony ist ein beliebtes Reit- und Wanderreitpony.

Es hat – wie das Islandpferd – eine natürliche Veranlagung zum Tölt. Es wird gerne zum Ziehen von leichten Wagen eingesetzt. Farben: Rappsilberner, Braunsilberner, Fuchs; helles Langhaar. 144-162 cm.

Andalusier

Das **Fjordpferd** (Norweger) geht wahrscheinlich auf das eiszeitliche Tundrenpony zurück. Es ähnelt von allen domestizierten Pferderassen europäischen Höhlenmalereien am meisten. Wahrscheinlich haben Keltenponies ihre Spuren hinterlassen, aber auch isländische und schottische Ponies. Schon im 8. Jahrhundert waren die gelben Pferde aus Skandinavien bekannt. Das Fjordpferd stellt schon immer einen eigenständigen Typ dar. Im 19. Jahrhundert wurden u.a. Vollblüter eingekreuzt, um die Norweger größer zu züchten und zu verbessern, das Ergebnis war aber nicht zufriedenstellend. Seit 1864 werden die Norweger wieder rein gezüchtet. In Norwegen wird die Rasse von der Züchtervereinigung „Norske Fjordhestlag" betreut. Fjordpferde sind ausschließlich Falben, überwiegend gelblich; häufig leichte Zebrastreifen an den Beinen und Aalstrich. Ca. 145 cm. Die Mähne ist von Natur aus hängend, wird aber oft in eine stehende Form geschnitten. Das Langhaar ist typischerweise schwarz-weiß.

Lipizzaner

Falabellapferd

Der **Achal-Tekkiner** stammt vom Turkpferd ab, dass in der südrus-
sischen Steppe gezüchtet wurde. Die Pferde waren beliebt und verbreitet bis nach China. Durch Kriege und Raub hatte die Rasse arge
Verluste zu beklagen. Später wurden Araberstuten eingekreuzt.
Klassischerweise werden die Pferde in ihrer Heimat in freilebenden
Herden gehalten, die von berittenen Hirten in den Steppenweiden
gehütet werden. Ein Zuchtbuch wurde 1917 eröffnet. Das Fell ist
seidig, fein und kurz. Es schimmert golden, weil es kein Haarmark
besitzt, folglich innen hohl ist. Diese hohlen Haare ermöglichen es
den Pferden, starke Temperaturschwankungen (tagsüber extreme
Hitze, nachts Kälte) auszugleichen. Bei Kreuzungen mit anderen
Rassen konnte sich diese Haarstruktur allerdings bisher nicht weiter verbreiten. Farben: Fuchs, Brauner, Falbe, Schimmel, Rappe; me-
tallischer Glanz. 150-160 cm.

Morgan Horses

Das **Exmoorpony** ist ein Nachfahre des Keltenponys und mit dem Dartmoorpony verwandt. Seine Heimat ist der Exmoor-National-park in Somerset. Dieser war in der letzten Eiszeit nicht von Glet-schereis bedeckt, und so überlebte die Fauna. Vielleicht entstanden die Ponies also schon weit vor der Zeit der Kelten. Das Exmoor wurde unter William II zum königlichen Forst. 1818 wurde das Areal ein-gefriedet. Sir Richard Acland bekam 1500 Hektar und begann mit etwa 400 Exmoorponies planmäßig zu züchten. Diese Ponies erhiel-ten den heute noch bekannter Anker-Brand. 1919 wurden viele der Ponies verkauft, und im Zweiten Weltkrieg wurden leider viele der Exmorponies geschlachtet. Die Farmer hatten glücklicherweise ei-nige Exmoorponies behalten und züchteten weiter mit ihnen. Seit 1920 wird die Zucht planmäßig betrieben. Die Exmoor Pony

Society überwacht die Zucht und die Qualität der Tiere. Leider sind die Ponies dennoch vom Aussterben bedroht. Die optisch attraktiveren Dartmoor und Welsh Mountain Ponies werden bevorzugt. Widerristhöhe ca. 125 cm. Farben: Torfbraune, Dunkelfalben, ohne Abzeichen. Meist weißlich-gelblich um Maul, Augen und Innenseiten der Schenkel.

American Saddle Horse

Das **Shetlandpony** ist eine sehr alte Rasse und stammt wahrscheinlich von prähistorischen Formen des Wald- und Tundrenponys ab. Später wurden auch keltische und nordische Ponies eingekreuzt. Auf den Inseln sind Shetties beliebte Trag-, Reit-, Fahr- und Zugtiere. Sie kommen mit karger Fütterung und ganzjähriger

Percheron

Haltung im Freien gut zurecht. Man kreuzte später Araber, Fjordpferde, Highlandponies und Mustangs ein. Diese Zuchtversuche erlangten jedoch keine große Bedeutung. Die Arbeit von Kindern und Frauen in den englischen Bergwerken wurde 1847 verboten. Daraufhin setzte man Shettys als Grubenponies ein. Lord Londonderry gründete 1870 ein Gestüt auf Bressay. Die Ponies wurden beliebt als Kinder-, Kutsch- und Zirkusponies. Das Stutbuch wurde 1890 gegründet. Heute sind Shetlandponies weltweit beliebte Rasseponies. Außer Tigerschecken sind alle Farben erlaubt. Mini-Shetty bis 87 cm, Standard-Shetty bis 107 cm.

Finnpferd

Der **Palomino** ist keine Rasse im eigentlichen Sinn. Er wird den Westernpferden zugeordnet. Er stammt wohl von iberischen Pferden ab. Die Farbbezeichnung Isabelle wird auf Königin Isabella zurückgeführt. Isabellafarben ist eine andere Bezeichnung für Palomino. Königin Isabella soll Pferde dieser Farbe bevorzugt haben. Den Namen Palomino hat die „Rasse" von dem argentinischen Offizier Juan de Palomino, der ein Pferd dieser Farbe von Königin Isabella oder vom Cortez geschenkt bekommen hatte. Unter den mittel- und nordamerikanischen Pferden fand man häufig solche mit Palominofärbung. Sie erlangten eine enorme Beliebtheit. Sie wurden als Paradepferde, aber auch als Renn- oder Arbeitspferde gebraucht. Dick Halliday eröffnete 1832 das Stutbuch. 1941 wurde in Kalifornien und 1946 in Texas ein Zuchtverein gegründet.

Weitere Clubs folgten. Die Farbe des Fells soll einer frisch geprägten Goldmünze entsprechen und darf höchstens drei Nuancen heller oder dunkler sein. Dunkle Abzeichen sind nicht gestattet. Das Langhaar ist weiß. Maximal 15 % dunkles Langhaar gestattet. Der Palomino soll mindestens 148 cm Stockmaß erreichen. Kein Pony- und Kaltblut im Pedigree. Mittelgroßes, vielseitiges Reitpferd. Pleasure-, Riding- oder Stocktype. Kopf gerade oder araberähnlich. Dunkle oder helle Hufe, kein Fesselbehang. Beliebtes Reit-, Parade- und Westernpferd.

Islandpferd

New Forest Pony

Berber

Isländer

Appaloosa

Das **Paint Horse** oder der **Pinto** ist ein meist geschecktes Pferd, das den Western Horses zugeordnet wird. Eigentlich bezeichnet Pinto einen Plattenschecken, der auch bei anderen Rassen auftreten kann. „Pinto" kommt aus dem Spanischen und bedeutet „bunt" oder „gefleckt". Das Paint Horse muss aus der Rasse des Quarter Horse stammen und wird ebenfalls oft als Pinto bezeichnet, während ein sog. „Pinto" sowohl ein geschecktes Quarter Horse als auch eine andere Rasse sein kann, jedoch immer einen Plattenschecken darstellt, also weiß mit farbigen Platten ist. Unter den Quarter Horses gab es schon immer gescheckte Tiere, die Farbe ist wohl ihren spanischen Vorfahren geschuldet. Diese gelangten mit den Conquistadores in die Neue Welt. Sie vermischten sich teilweise mit den Mustangs, die wiederum mit anderen amerikanischen Rassen gekreuzt wurden. 1962 wurde die American Paint Horse Association gegründet, die die gescheckten Quarter Horses in einem gesonderten Stutbuch führt. Eingetragen werden Paints, Quarters und Englische Vollblüter. Eine gelegentliche Verkreuzung der Rassen stellt einen ausreichend großen Genpool sicher. Paint Horses sind beliebte Western-, Rodeo-, Freizeit- und Hirtenpferde. 145-160 cm. Meist Plattenschecken. Der **Pinto** ist mit dem Paint Horse verwandt oder wird teilweise mit ihm gleichgesetzt. In Amerika wurden gescheckte Pferde heimisch, als Spanier solche Tiere mitbrachten. Möglicherweise brachten vorher schon Normannen Pferde dieses Typs mit. Diese Tiere wurden zu den berühmten Mustangs und waren bei den Prärie-Indianern beliebt. Die Pferde wurden auch in der Bevölkerung beliebt, und schließlich wurde die Pinto Horse Association of America gegründet, die seit 1956 auch für das Stutbuch verantwortlich ist. Es gibt den Reitponytyp (118-148 cm), Saddle-Typ (Reitpferd), Stock-Typ (Westernpferd), Pleasure-Typ (arabisiertes Showpferd) und den Hunter-Typ (kräftiges Reit- oder Jagdpferd). Die Widerristhöhe ist je nach Typ recht unterschiedlich.

Camarguepferd

Der **Mustang** ist ein hübsches Kleinpferd, das in den USA gezüchtet wird. Er gehört zu den Westernpferderassen. Die Widerristhöhe beträgt etwa 140-150 cm. Es sind alle Farben und Muster zugelassen. Woher die Bezeichnung „Mustang" stammt, ist nicht ganz sicher. Vielleicht ist sie auf das altspanische Wort „mesteño" zurückzuführen, ein Name für das Eigentum der spanischen Viehhirten („mesta"). Vielleicht kommt die Bezeichnung auch vom spanischen Wort „Mestengo", was „Fremder" oder „Vagabund" bedeutet. "Monstrengo" wird ein ausgebüxtes Schaf genannt, das öffentlich seinem Eigentümer zugeführt wird. Die Indianer verehrten die Mustangs als heilige Tiere, denen sie mit Ehrfurcht und Respekt gegenüber traten. Anfangs nutzten die Indianer die Mustangs überwiegend als Fleischquelle. Ab dem 17. Jahrhundert lernten die Indianer den

Umgang mit den Mustangs und nutzten sie als Reit- und Transportpferde. Auch Cowboys nutzten die Mustangs häufig als Reitpferde. Sie wurden auch zum Rinderhüten und -treiben gebraucht. Um 1900 war die Zahl der Mustangs auf ca. 2 Millionen angestiegen. Sie stellten eine Konkurrenz für die Nutztierhalter dar. Daraufhin wurden die Mustangs zur Fleischgewinnung gejagt. Als man anfing, sie mit Hubschraubern und Motorfahrzeugen zu jagen, sank ihre Zahl rapide. 1959 wurde die motorisierte Jagd auf staatlichem Land verboten und die Rasse unter Schutz gestellt. Ihre Zahl sank dennoch merklich.

Hannoveraner

Belgisches Kaltblut

Highlandpony

Mustangs

Oben: Canadian Cutting Horse. Unten: Tennessee Walking Horse.

Holsteiner

Oben: Schwarzwälder Fuchs (Schwarzwälder Kaltblut). Unten: Oldenburger.

Knabstrupper

Der **Appaloosa** wird ebenfalls den Westernpferderassen zugerechnet. Er stammt vom spanischen Pferd ab und wurde im 18. Jahrhundert nach Amerika importiert. Die Entwicklung der Pferde soll maßgeblich von den Nerz-Percé-Indianern beeinflusst worden sein. Abgeleitet vom Zuchtgebiet erhielt die Rasse ihren Namen. Als die Indianer der Vernichtung durch die Weißen entkommen wollten, verloren auch viele Pferde ihr Leben. Es konnte nur eine kleine Population aufrecht erhalten werden. Ab 1938 entwickelte man aus den verbliebenen Tieren eine neue Zuchtpopulation. Inzwischen ist der

Bestand der Pferde auf ca. 500.000 Tiere angewachsen. 1975 kam die Rasse nach Deutschland, und 1978 gründete eine kleine Gruppe von Liebhabern das Appaloosa Pferdestammbuch Deutschland e.V. 1994 wurde der Appaloosa Horse Club Germany ins Leben gerufen, der die Rasse heute in Deutschland betreut. Die Vorgaben des Mutterverbands in den USA lassen die gelegentliche Einkreuzung von Arabern, Quarter Horses und Englischen Vollblütern zu, um die Rasse zu verbessern. Die Rasse wird als Freizeit- und Westernpferd, aber auch in anderen Bereichen eingesetzt. Zugelassen sind alle Farben außer Plattenschecken; überwiegend finden wir bei der Rasse jedoch die typischen Tigerschecken. 142-165 cm.

Paso Fino

Araber

Der **Tinker**, auch Irish Tinker, Tinker Pony, Irish Cob oder (Coloured) Cob of Gypsy Type ((geschecktes), kräftiges Pferd vom Zigeunertyp), ist ein hübsches Kleinpferd. Er ist nicht eindeutig dem Pony-, Cob- oder Kaltbluttyp zuzuordnen und nimmt meistens eine Zwischenstellung zwischen diesen Typen ein. Die meisten Tinker sind Plattenschecken in schwarz-weiß, rot-weiß oder braun-weiß, aber hier und da kommen auch andere Farben wie Schimmel, Füchse, Braune und Rappen vor. Die irischen und englischen Tinker (Kesselflicker) waren ursprüngliche Zigeuner, die auf indo-europäische Stämme zurückgehen. Sie kauften billige Pferde ein, und die waren unterschiedlichen Typs und oft gescheckt. Bis ins 19. Jahrhundert hatten sie kaum Pferde, sondern hielten vermehrt Esel. Mit der Zeit fingen sie an, billige Pferde einzukaufen. Da bei vielen Rassen Schecken nicht zugelassen werden, aber gelegentlich fallen, wurden diese oft billiger an die Zigeuner abgegeben. Die Tinker waren als Kesselflicker bekannt („tink" war das typische Geräusch beim Klopfen auf die Kessel). Manchmal gelangten die Tinker auch durch Tauschgeschäfte an gute Pferde. Darunter waren zahlreiche gescheckte Rassepferde, die aufgrund ihres Farbschlags nicht in das Zuchtbuch eingetragen wurden. Aus diesem Grund ist die Rasse heute nicht ganz einheitlich, obwohl die Pferde überwiegend an kleine, leichte Kaltblüter mit Plattenscheckung erinnern. Es gibt aber auch andere Farben. Auch sind einige Tinker im Körperbau verschieden zum leichten Kaltbluttyp. Allerdings begann man nach dem Zweiten Weltkrieg, Tinker gezielt nach Gebäude und Farbe zu selektieren, sodass heute viele Tinker die attraktive Plattenscheckung, starken Fesselbehang und leichte Kaltblutmerkmale (z.B. kräftiger Körperbau, Spaltkruppe) aufweisen. Es existiert kein Stutbuch, aber ein inoffizieller Rassestandard, an dem sich die Züchter orientieren. Pferde, deren Qualität zu wünschen übrig lässt, erhalten keine Zuchtzulassung und werden günstiger an Liebhaber abgegeben. Tinker sind gute Reit-, Arbeits- und Therapiepferde. Sie sind ansprechend und gutmütig. 135-150 cm.

Links: Camarguepferd; un-
ten: Shetlandpony

55

Albino

Hackney

Irish Cob

Italienisches Kaltblut

Noriker

Der **Friese** erinnert an einen Kaltblüter, gehört aber den Warmblütern an. Er gehört zu den ältesten Pferderassen und stammt aus der niederländischen Provinz Friesland. Außer Andalusiern wurden keine anderen Rassen eingekreuzt. Im 16. Und 17. Jahrhundert war der Friese ein beliebtes Kriegspferd. Er war kräftig genug, um den Ritter samt Rüstung zu tragen. Anfang des 20. Jahrhunderts wäre die Rasse beinahe ausgestorben, konnte aber rechtzeitig gerettet werden. Friesen sind fast ausschließlich Rappen. Braune dürften ausgestorben sein. Anfangs hat das Fohlenfell einen leicht rötlichen Schimmer. Ganz selten kommt noch einmal ein Fuchsfohlen vor. Das Stockmaß liegt bei ca. 155-175 cm. Friesen sind geduldig, nervenstark und sanftmütig.

Der **Lipizzaner** gehört zu den alten, warmblütigen Rassen des Barocks. Die meisten Lipizzaner sind Schimmel, Fohlen werden rot, braun oder schwarz geboren und hellen mit den Jahren auf. Hier und da finden wir unter den Lipizzanern neben den Schimmeln aber auch Braune, Rotschimmel und Rappen, die ebenfalls vom Standard akzeptiert werden. Traditionell steht immer ein brauner Hengst im Stall der Spanischen Hofreitschule. Gelegentlich kommen auch einmal Füchse und Falben vor. Das Stockmaß liegt bei 148-162 cm. Der Lipizzaner ist lebhaft und langlebig, kann über 40 Jahre alt werden. Er ist ein beliebtes, freundliches Reit- und Fahrpferd. Berühmt sind die Dressur-Lipizzaner der Spanischen Hofreitschule in Wien. Die Rasse geht auf Frederiksborger, Neapoletaner, Kladruber und Araber zurück.

Das **Welsh Pony** wird in vier Sektionen gezüchtet, A, B, C und D. Sektion D wird auch als Cob bezeichnet und ist etwas kräftiger gebaut. Das Welsh Mountain Pony entspricht der Sektion A. Das Welsh Mountain Pony hat eine Widerristhöhe bis 122 cm, Sektionen B und C sowie Cob bis 137 cm. Es sind alle Farben erlaubt, mit Ausnahme von Schecken. Seit die Kelten um 600 v. Chr. ihre kleinen, orientalisierten Ponies mit in die Waliser Hügel brachten, leben diese Ponies dort. Durch römische Legionen wurden später andere Rassen eingekreuzt, und zwar oft Berber. Später wurden auch hier und da Araber, Vollblüter und andere Rassen zur Veredelung eingekreuzt. Die planmäßige Zucht begann um 1902, als ein Stutbuch gegründet worden war. Die Ponies werden heute überwiegend innerhalb der jeweiligen Sektion gezüchtet.

Das **Morgan Horse** ist eine amerikanische Rasse und geht auf einen einzigen Hengst zurück, welcher 1879 von einem Gastwirt namens Justin Morgan in Connecticut gezogen wurde. Möglicherweise führte er Welsh-Cob-Blut. Nach dem Tod seines Besitzers wurde er für alle möglichen Arbeiten herangezogen. Er war nur ca. 140 cm groß. Er wurde auch bei sportlichen Wettkämpfen eingesetzt und erwies sich sowohl hier als auch bei anderen Arbeiten als überaus erfolgreiches Tier. Er wurde ein vielgefragter Deckhengst. Seine drei Söhne Woodbury, Sherman und Bulrush beeinflussten die Zucht der Traber, Saddle-Horses und Tennessee Walking Horses maßgeblich. 143-153 cm. Überwiegend Braune und Füchse.

Das **Falabella-Pferd** (kein Pony!) ist ein verzwergtes Pferd von nicht immer korrektem Exterieur. Die Größe soll nicht über 75 cm liegen, aber einige Exemplare werden bis 86 cm groß. Angeblich sollen auch schon Falabellas mit einem Stockmaß von ca. 30 cm vorgekommen sein. Die Rasse geht auf Kreuzungen zwischen Vollblütern und Shetlandponies zurück. Gezogen wurde sie von Familie Falabella in Argentinien. Das Falabella-Pferd kann nicht für schwere Arbeiten herangezogen werden, ist aber ein beliebtes „Haus"- und Familienpferd. Als Showpferde sieht man sie hin und wieder; ab und zu sieht man auch einmal Falabellas vor einem kleinen Wagen. In den USA sind bereits Falabellas als Blindenführpferde ausgebildet worden, die den selben Stellenwert haben wie Blindenhunde. Alle Farben zugelassen.

Das **American Saddle Bred** oder **American Saddle Horse** stammt von Reit- und Fahrpferden früherer amerikanischer Siedler ab. Diese Pferde wurden systematisch veredelt. Schon im 16. Jahrhundert brachten Engländer passgehende Mehrzweckpferde nach Amerika. Diese wurden später mit Morgans, Pass- und Traberpferden gekreuzt. Durch strenge Selektion auf Gänge und Ausdauer entstand in den Kolonien Kentucky und Virginia ein ideales Reise-, Reit- und Arbeitspferd, das für leichtere Arbeiten vor dem Wagen und in der Landwirtschaft eingesetzt werden konnte. Später wurden auch Vollblüter eingekreuzt. Das American Saddle Horse ist ein elegantes, freundliches und bewegungsfreudiges Arbeits- und Reitpferd. 150-160 cm. Überwiegend Füchse und Braune.

Der **Percheron** ist mit dem Boulogner verwandt. Der schwere Kaltblüter stammt aus Frankreich. Besonders zwischen dem 11. und 13. Jahrhundert soll orientalisches Blut eingeflossen sein. Es entstanden unter der Einkreuzung von Vollblut in Kaltblüter lokale Schläge, aus denen später der Percheron hervorging. Später wurden auch noch Araber eingekreuzt. Ende des 19., Anfang des 20. Jahrhundert hatte der Percheron seine Blütezeit. Er war ein beliebtes Kutsch-, Artillerie- und Landwirtschaftspferd. Nachzuchten etablierten sich in Amerika und England. Seit 1833 besteht ein Stutbuch. Dieses wurde 1966 nochmals geöffnet, um die lokalen Schläge zu registrieren. Bei einem Stockmaß von 160-170 cm wiegt der Percheron etwa 800 kg, manchmal auch mehr. Der Percheron kommt in den Farben Rappe und Schimmel vor (häufig Apfelschimmel).

Der **Noriker**, auch Pinzgauer genannt, wurde ursprünglich als kompaktes, vielseitiges Trag- und Zugpferd der alpinen Regionen gezüchtet. In Juvavum (Salzburg) sollen Pferde dieses Typs existiert haben. Die Salzburger Zucht wurde 1565 unter Kontrolle der Fürst-Erzbischöfe gestellt. 1903 wurde das erste neue Zuchtbuch eröffnet, die Zucht bis zum Zweiten Weltkrieg stetig verbessert. Der Noriker hat eine Widerristhöhe von ca. 155-170 cm, Gewicht 600-850 kg. Farben: Füchse, Braune, Rappen, Tigerschecken, Grauschimmel.

Der **Isländer** (Islandpferd, Islandpony) ist eine robuste Kleinpferderasse aus Island. Isländer sind Gangpferde. Sie verfügen nicht nur über die Gangarten Schritt, Trab und Galopp, sondern auch über die genetisch fixierte Gangart Tölt. Die Rasse stammt von Germanen- und Keltenponies ab. Um 1200 erfolgten Einfuhrverbote von Pferden nach Island. Ein Pferd, das die Insel einmal verlassen hat, darf nie wieder zurück kommen. Es werden auch keine fremden Pferde auf die Insel gelassen, da man Angst vor der Einschleppung von Seuchen hat. Die Islandpferde entwickelten sich unter extrem harten Lebensbedingungen. Das ca. 130-145 große Islandpferd ist ein beliebtes Reit- und Zugpferd. Früher wurden Isländer auch oft zur Fleischgewinnung geschlachtet. 1783 brach der Vulkan Lakagigir aus, wobei fast 24.000 Islandpferde ums Leben kamen. Der Bestand erholte sich zum Glück schnell. Seit 1920 wird die Rasse stutbuchmäßig erfasst. Alle Farben (ein- und mehrfarbig) zugelassen.

Der **Berber** ist eine nordafrikanische Rasse und mit dem Sorraiapony verwandt. Berber waren in Afrika, das lange mit Spanien verwunden war, verbreitet, bevor Arabische Pferde 700 n.Chr. dorthin kamen. Araber und Berber werden seitdem häufig gekreuzt. Die Tuareg-Nomaden bewahren jedoch eine reinrassige Zucht. Berber wurden in der Vergangenheit viel in die iberischen Pferde eingekreuzt. Später wurden Berber in ganz Europa zur Verbesserung anderer Rassen eingekreuzt. Reine Berber-Zuchten gibt es heute kaum noch, man versucht aber, die verbliebenen Bestände zu erhalten. 150-160 cm. Farben: Schimmel, Braune, Füchse und Rappen.

Das **New Forest Pony** stammt aus dem New Forest, einem Waldgebiet bei Southhampton. 1016 wurde die Rasse das erste Mal urkundlich erwähnt. Im New Forest lebende Moorponies kreuzten sich immer wieder mit freigelassenen oder ausgebüxten Ponies. Unter Heinrich III verschwanden die Ponies fast völlig. Einige überlebende Ponies pflanzten sich mit Arabern, Hackneys und Poloponies fort. Im Laufe der Jahrhunderte wurden dann wieder Araber und Ex-moorponies gezielt eingekreuzt, um Größe, Robustheit, Eleganz und Aussehen zu optimieren. Das erste Stutbuch wurde 1910 eröffnet. Ein Teil der Herden lebt heute noch immer halbwild. Gekörte Hengste dürfen die freilaufenden Stuten decken; für letztere gibt es keine besonderen Zuchtregelungen. Das New-Forest-Pony wird gerne als Liebhabertier gehalten, aber auch als Fahr- und Kinderreitpony. Bis 148 cm Widerristhöhe; alle Farben außer Palominos, Tiger und Schecken zugelassen.

Der **Andalusier** (Pura Raza Española) ist eng mit dem Berber verwandt. Im Mittelalter und seit der Eroberung Spaniens wurden orientalische Pferde eingekreuzt, wohl hauptsächlich Berber. Iberische Pferde waren derart beliebt, dass im Mittelalter eine unerlaubte Ausfuhr mit dem Tod bestraft wurde. Südliche Klöster, aber auch die Fürstenhöfe hielten Andalusier. Andalusier waren und sind auch beliebte Dressurpferde. Spanische Pferde wurden häufig mit Lipizzanern, Frederiksborgern, Kladrubern, Neapolitanern und Friesen gekreuzt. Das Stutbuch wurde 1912 eröffnet. 155-162 cm. Schimmel, Braune, Falben und Rappen.

Das **Finnpferd**, auch Finnisch-Universal, ist das Allroundpferd Finnlands. Es wird in verschiedenen Typen (schweres Kaltblut, leichtes Kaltblut, vielseitiges Reitpferd und Kleinpferd) unterteilt. Das Finnpferd stammt vom Finnischen Klepper ab, einem

Hauspferd, das im Ostseeraum beheimatet war. Im 20. Jahrhundert wurden die Typen aufgeteilt. Der Kleinpferdetyp entspricht dem Kleppertyp. Ein Stutbuch wurde 1907 gegründet. Das Finnpferd ist schnell, leistungsbereit, ausdauernd und langlebig. Finnpferde sind als Reitpferde beliebt, die schweren auch als Arbeitspferde in der Landwirtschaft, während der leichte, vielseitige Typ ein beliebtes Trabrennpferd ist. Die nationale Zentralorganisation für Rennsport und Pferdezucht in Finnland (Hippos) führt seit 1970 das Stammbuch und führte auch die Unterteilung in verschiedene Typen ein. Die Widerristhöhe beträgt 140-163 cm, beim Kleinpferdtyp bis 148 cm. Fast alle Finnpferde sind Füchse mit hellem Langhaar, hier und da finden sich auch Falben, Braune und Rappen.

Das **Camarguepferd** ist ein robustes Kleinpferd aus dem Rhonedelta im Süden Frankreichs. Dort lebt es teilweise halbwild in Herden und wird in halbwilden Gestüten gezüchtet. Fohlen kommen schwarz, rot oder braun zur Welt und schimmeln mit der Zeit aus. Mit etwa 10 Jahren sind die meisten Camarguepferde weiß. Im Schnitt werden halbwilde Camarguepferde 25 Jahre alt. Für ein (gut versorgtes, nicht verheiztes!) Hauspferd wäre das nicht sehr alt – für ein halbwildes Pferd sind 25 Jahre jedoch ein recht stattliches Alter. Die Hufe sind relativ groß, um ein Einsinken im Sumpf zu verhindern. Das Camarguepferd ist genügsam und kann mit geschlossenen Nüstern unter Wasser fressen. Das Camarguepferd ist robust und widerstandsfähig. Im Rhonedelta ist das Pferd extremen Witterungen ausgesetzt (Hitze im Sommer, extreme Kälte im Winter und morastiger, kalter Boden sowie der Mistral, ein kalter, starker und trockener Fallwind, der mehr als 6 Monate im Jahr weht). In der Rasse sind noch orientalische Spuren zu finden, die wohl auf die Einkreuzung von Arabern und Berbern zurückgehen. Die Rasse wurde in den 1960er Jahren anerkannt. 135-150 cm.

Das **Highlandpony** hat eine Widerristhöhe von ca. 132-148 cm. Für das aus der rauen Landschaft Schottlands stammende Pony existiert seit etwa 1890 ein Zuchtbuch, das von der schottischen Highland Pony Society geführt wird. Seine Schirmherrschaft hat noch heute die britische Königin Elisabeth II inne. Das Highlandpony ist kräftig und freundlich. Es handelt sich um eine robuste Naturrasse, die für alle Disziplinen eingesetzt wird: Reiten, Fahren, Lastentragen usw. Farben: Falben in verschiedensten Tönen, wie creme, grau, mausgrau oder flachs; aber auch andere Farben sind erlaubt: Schimmel, Schwarzbraune, Braune, Dunkelfüchse mit silbrigem Langhaar, Rotschimmel und Füchse.

Stammvater der „Rasse" **Albino** soll der Westernhengst „Old King" gewesen sein, der Morgan- und Arabergene führte. Albinos sind weder eine eigene Rasse, sondern eher ein Typ von Pferden, noch handelt es sich um echte Albinos, sondern um einen starken Pigmentmangel, jedoch kein gänzliches Fehlen von Pigmenten. Die Haut ist rosa, das Fell weiß bis cremefarben, die Augen blau. Albinos sind von Geburt an weiß/creme. Albinos kommen durch ein Gen zustande, das die Pigmentierung von Iris, Haut und Fell weitgehend ausschaltet. In Spanien, Deutschland und England wurden Albinos häufig als Paradepferde an königlichen Höfen gehalten. Hellgelbe Pferde mit hellblauen Augen (Cremellos, Weißisabellen) finden sich auch in einigen Pferderassen, z.B. bei den Lusitanos und Connemaraponies. Albinos kommen hell zur Welt, im Gegensatz zu Schimmeln, die schwarz oder rot geboren werden und mit der Zeit aufhellen. Die Widerristhöhe ist nicht einheitlich, da Albinos bei unterschiedlichen Rassen auftreten können.

Der **Holsteiner** war ursprünglich sowohl Reitpferd als auch Helfer auf dem Feld. Im 14. Jahrhundert begann die Zucht der Rasse im Kloster von Uetersen. Die Rasse wurde stets veredelt, überwiegend durch die Einkreuzung von Englischen Vollblütern. Heute ist der

Holsteiner ein gutes Reit-, Dressur- und Springpferd. Leider wird er auch für die Vielseitigkeit (Military) missbraucht. Zugelassen sind alle Farben außer Schecken. Die Widerristhöhe beträgt ca. 165-175 cm.

Der **Hannoveraner** ist ein weitverbreitetes Warmblutpferd. Die Zuchtgeschichte lässt sich bis ins 16. Jahrhundert zurückverfolgen. Die Rasse wurde für die Landwirtschaft und den Militärdienst gezüchtet. Anfang des 19. Jahrhunderts kreuzte man oft Vollblut- und englische Halbbluthengste ein. Das Hannover'sche Stutbuch, der Vorgänger des Hannoveraner Verbandes, wurde 1888 gegründet. Der Hannoveraner ist heute ein beliebtes Sportpferd. 160-185 cm. Farben: Rappen, Braune, Füchse, Schimmel.

Der Ursprung des **Belgischen Kaltbluts** liegt vermutlich in der Römerzeit. Zuchtverbände wurden 1879 in Lüttich und 1884 in Ostflandern gegründet. Ein nationaler Zuchtverband und ein Zuchtbuch folgten 1886. 1886 schlossen sich die Verbände zusammen. Das Zuchtbuch wurde ebenfalls zusammengelegt und 1891 anerkannt. Ende des 19., Anfang des 20. Jahrhunderts wurde das Belgische Kaltblut weltweit exportiert. Es beeinflusste viele andere Kaltblutrassen. Ursprünglich stammt die Rasse aus Brabant. Inzwischen ist die Rasse in ganz Belgien anzutreffen. Nachzuchten finden sich u.a. in Europa, den USA, Asien, Russland und Südamerika. Dennoch ist das Belgische Kaltblut eine bedrohte Rasse. Die Gesamtpopulation dürfte weniger als 3000 Pferde betragen; derzeit sind rund 80 Hengste und 440 Stuten aktive Zuchttiere. Das Belgische Kaltblut wird überwiegend in der Landwirtschaft eingesetzt. Aber auch in der Forstwirtschaft und im Freizeitfahrsport finden sich Rassevertreter. Einzelne Belgier werden sogar als Reit- und Westernpferde eingesetzt, das sind aber absolute Ausnahmen. 162-172 cm. Meist Rotschimmel, aber auch Braun-, Rapp- und Blauschimmel, selten Füchse.

Der **Hackney** ist ein überwiegend als Kutschpferd gezüchteter Traber. Er wurde aus Yorkshire Trotter und Norfolk Trotter gezüchtet. 1883 wurde die Hackney Horse Society gegründet; ein Zuchtbuch für Englische Traber wurde ebenfalls gegründet. Die unterschiedlichen Traberzuchten verschmolzen zu einer Rasse. Die Beförderung von Gütern wurde inzwischen weniger von Pferden als vielmehr von der Eisenbahn erledigt. Daraufhin verlegte man sich bei der Hackneyzucht auf ein attraktives Kutschpferd mit hoher Knieaktion. 143-155 cm; Füchse, Braune und Rappen. Es existieren neben dem Hackney auch ein Hackney-Pony und ein Zwerg-Hackney.

Das **Canadian Cutting Horse** hat die selben Ahnen wie das Quarter Horse bzw stammt von ihm ab. Es wird zum Rinderhüten, aber auch als sanftes, freundliches Reitpferd für Touristen eingesetzt. Die offizielle Zuchtorganisation ist die „Canadian Cutting Horse Association". Die Rasse ist auch beliebt auf Rodeo-Veranstaltungen. Ca. 160 cm Stockmaß. Alle Farben zugelassen.

Das Hengstdepot Ferrara wurde 1860 gegründet. Anfangs standen dort orientalische Hengste. Später kreuzte man Kaltbluthengste der Rassen Boulonnais, Bretone und Ardenner ein. So entstand das **Italienische Kaltblut**. Im Ersten Weltkrieg gab es große Verluste in der Rasse. Die verbliebenen Tiere wurden mit Bretonen gekreuzt, um die Rasse zu retten. Aus diesem Grund erinnert die Rasse heute stark an den Bretonen. 150-160 cm. Die meisten Pferde sind Füchse mit hellem Langhaar, es kommen aber auch Rotschimmel und Braune vor.

Der **Tennessee Walker** (Tennessee Walking Horse) entstand im 19. Jahrhundert. Er geht auf Kreuzungen zwischen Narragansett Pacer, American Standardbred, Morgan, Vollblut und American Saddlebred zurück. Das charakteristische und namensgebende Merkmal der Rasse ist der Walk, eine besondere Pferdegangart. Es handelt sich um einen beschleunigten Schritt. Die Schritte sind wesentlich verlängert, die Hinterhufe fußen vor den Abdrücken der Vorderhufe auf. Der Running Walk (12-16 km/h) ist etwas schneller als der Walk (8-11 km/h). Der Tennessee Walker ist ein beliebtes Reit- und Showpferd. Der Schweif ist sehr lang und hoch angesetzt. Auch die Mähne ist meist sehr lang. Es sind alle Farben zugelassen. 145-173 cm Widerristhöhe.

Der **Knabstrupper** ist eine alte, dänische Barockpferderasse. Er geht auf eine Farbvariante der bekannten Frederiksborger zurück. Die konsequente Zucht von Tigerschecken begann mit dem 1536 gegründeten dänischen Gestüt Frederiksborg. Im Zeitalter des Barock erlebten die Tigerschecken ihren Höhepunkt, da sie die Lebenslust und Farbenfreude der barocken Fürsten verkörperten. Die Tigerscheckenzucht auf Gut Knabstrup erlosch, als 1891 ein Blitz auf dem Gut einschlug und 22 Zuchtpferde in den Flammen umkamen. Die Rasse wird noch immer in Dänemark gezüchtet, aber viele Zuchttiere wurden ins Ausland verkauft, überwiegend nach Deutschland. Man versucht derzeit, das alte dänische Kulturgut Knabstrupper zu erhalten. 149-157 cm.

Der **Paso Fino** ist eine aus Kolumbien stammende Gangpferderasse. Aber auch nach Puerto Rico kann man seine Geschichte zurückverfolgen. In den 1970er Jahren kam die Rasse nach Europa, überwiegend nach Deutschland, aber auch in der Schweiz, Österreich, England und anderen europäischen Ländern wird der Paso Fino gezüchtet. Seit 1971 gibt es Nachzuchten in den USA. Der Paso Fino geht auf iberische Pferde zurück. Zugelassen sind alle Farben. Der Paso Fino ist eine Gangpferderasse mit dem Zuchtziel Natur-Tölt, eine Gangart, die an ein bestimmtes Gen gebunden ist. Der Tölt wird vom Reiter meist als angenehm empfunden. Der Tölt hat keine Schwebephase, sondern ist eine gelaufene Gangart, die Fußfolge entspricht der des Schritts. Die Ein- und Zweibeinstützen wechseln sich dabei ab. Abwechselnd tragen ein oder zwei Beine das Pferd. Alle Farben zugelassen, 140-156 cm.

Der **Oldenburger** stammt aus Oldenburg. Seit Anfang des 17. Jahrhunderts lässt sich hier die Zucht der Rasse nachweisen. Heute ist der Oldenburger ein beliebtes Sportpferd. Er stammt von kräftigen Zug- und Arbeitspferden ab und wurde ursprünglich als kräftiges Kutschpferd gezüchtet. Später wurden Vollblüter, Hannoveraner und Holsteiner eingekreuzt, was die Rasse eleganter und leichter machte. Zugelassen sind alle Grundfarben, Schecken kommen seltener vor. 165-179 cm.

Der **Schwarzwälder Fuchs**, auch Schwarzwälder Kaltblut, ist eine hübsche, alte Kaltblutrasse. Ursprünglich wurde er für die schwere Waldarbeit unter ungünstigen Bedingungen im Schwarzwald gezüchtet. Einsatz findet er z.B. als Rückepferd, man setzt ihn also dazu ein, beispielsweise Baumstämme zu transportieren. Er erfreut sich aber auch zunehmender Beliebtheit als Freizeit- und Reitpferd. Leider steht er auf der Roten Liste der gefährdeten einheimischen Nutztierrassen in Deutschland. Farben: meistens Füchse, besonders Dunkelfüchse, mit hellem Langhaar. Es sollen auch Rappen, Braune und Schimmel existieren. 148-160 cm.

Der **Esel** ist mit dem Pferd verwandt. Er ist meist etwa ponygroß. Es gibt aber auch kleinere und größere Rassen. Sehr kleine Rassen messen unter 80 cm Widerristhöhe. Großesel können bis ca. 160 cm am Widerrist messen. Der Hausesel ist als Haustier weit verbreitet. Er wird als Arbeitstier geschätzt, zum Lastentragen oder -ziehen, aber auch als Reittier ist er beliebt. Viele Eselhalter halten Esel einfach aus Freude am Tier. Die heutigen Hausesel stammen vom Afrikanischen Wildesel ab. Esel sind heute noch in manchen Gegenden beliebte Last- und Reittiere, obwohl sie vielerorts von Pferden abgelöst wurden. Esel werden mancherorts zum Schutz von Herden

vor Beutegreifern eingesetzt, bisher mit Erfolg. Auch in der tierge-
stützten Therapie findet der Esel Einsatz. Man schätzt Esel auch
in der Landschaftspflege, wo sie ungewollte Pflanzen wie Disteln,
Brennnesseln und anderes „Unkraut" vertilgen. Auch Esel werden
in vielen unterschiedlichen Rassen sowie Farbschlägen gezüchtet.
Esel sind keineswegs immer grau. So kommen z.B. auch weiße,
schwarze, braune, rote oder gescheckte Esel vor. Esel sind intelligent
und arbeitswillig, auf grobe Behandlung können sie jedoch mit
Sturheit reagieren. Kreuzlinge aus Eselstute und Pferdehengst
nennt man Maulesel, Kreuzlinge aus Pferdestute und Eselhengst
Maultier. Maultiere und Maulesel können sich nur in Ausnahme-
fällen fortpflanzen. Auch Kreuzlinge zwischen Eseln und Zebras
kommen vor.

Appaloosa

Islandpferd

Trakehner

Der **Trakehner** dürfte die älteste Pferderasse Deutschlands sein. Ihren Namen hat die Rasse vom Hauptgestüt Trakehnen, in der Nähe der Ortschaft Trakehnen. Der Trakehner ist ein edles Warmblutpferd. Er ist ein beliebtes Reitpferd und wird leider hauptsächlich für den sog. „Vielseitigkeitssport" gebraucht, früher Military genannt, einer tierquälerischen Sportart, die den Pferden psychisch und physisch alles abverlangt. Leider wird diese grausame Sportart als „Krone der Reiterei" bezeichnet. Sie besteht aus drei Teilen, die an drei aufeinander folgenden Tagen durchgeführt wird: Dressur, Geländeritt und Springen. Die Sprünge bzw der Geländeritt sind derart schwierig, dass es häufig zu schweren Verletzungen – teilweise mit Todesfolge – bei den Pferden (und mitunter auch den Reitern) kommt. Muss so etwas sein? Trakehner werden rein gezüchtet oder mit Arabern, Shagya-Arabern, Anglo-Arabern oder Englischen Vollblütern verkreuzt. Trakehner werden – neben der Vielseitigkeit - oft als Spring-, Dressur- und Fahrpferde, seltener als Westernpferde eingesetzt. 160-170 cm; alle Farben zugelassen.

Oben: Fjordpferd. Rechts: Shetland-
ponyfohlen.

Fjordpferd

Isländer

Eselstute mit Fohlen

Esel

LITERATUR

Aubane, Henry; Die weissen Pferde der Camargue; Albert Müller Verlag, 1963

Axelrod, Gerald; ... als lebten die Einhörner in Schottland – Die Suche nach den Letzten ihrer Art; Stürtz, 2019; ISBN 978-3-8003-4632-5

Baboev, Artur/ Klimuk, Aleksander; Goldene Pferde – Die legendären Achal-Tekkiner; Kosmos, 2014; ISBN 978-3-440-14479-4

Basche, Arnim; Geschichte des Pferdes; Sigloch Edition; ISBN 3-89393-172-4

Binder, Sibylle Luise/ Kärcher, Gabriele; Wilde Pferde – Leben in Freiheit; Müller-Rüschlikon, 2003, ISBN 3-275-014664-1

Bollhorn, Mareike/ Holstein, Sonja; Pferde der nordischen Götter. Islandpferde – Ein Rasseportrait.; Cadmos, 2006, ISBN 978-386127434-6

Bongianni, Maurizio/ Mori, Concetta; Geliebte Pferde; Unipart, 1991, ISBN 3-8122-3024-0

Brandts, Ehrenfried; Pferde zwischen den Fronten: Polnische Staatsgestüte und das Schicksal des Hengstgestüts Drogomysl/ Draschendorf unter deutscher Besatzung 1939-45; Zugvogel Verlag Wenzel, 2007, ISBN 3940303011

Bührer-Lucke, Gisa; Expedition Pferdekörper; Kosmos, 2010, ISBN 978-3-440-11670-8

Bunjes, Jessica; Das große Cadmos Handbuch Pferderassen; Cadmos, 2008; ISBN 978-386127448-3

Buurmann-Paul, Ulrike; Der moderne Haflinger – Reinzucht, Arabisierung, Verwendung, Zuchtgebiete; Ahnert, 1983, ISBN 3-921142-46-6

Dahl, Dorothee; Shetland Ponys; Cadmos, 2010, ISBN 978-384041007-9

Der Haflinger; Athesia Buch GmbH, 2020; ISBN 978-88-7073-943

Dossenbach, Monique und Hans D.; Koenig Pferd; Bechtermünz, 2000, ISBN 3-8289-1568-X

Edwards, Elwyn Hartley; Das Große Pferdebuch; Bertelsmann, 1991

Elliot-Reep, Tracey; A Celebration of The Dartmoor Pony; Tracy Elliot-Reep, 2004; ISBN 0-9538231-2-1

Feddersen, Susanne; Haflings blonde Pferde – Ein Rasseportrait des Haflingers; Cadmos, 1999, ISBN 3-86127-331-4

Fritz, Christina; Die Anatomie des Pferdes; Cadmos, 2011, ISBN 978-384041018-5

Gerth, Hermann/ Zethoven, Rob; Schwarze Athleten – Von der Schönheit Friesischer Hengste; Cadmos, 1996, ISBN 3-86127-307-1

Gold, Manfred; Kleinpferde & Ponys; Verlag Welsermühl, 1975, ISBN 3-85339-130-3

Goodall, Daphne Machin; Die Pferde mit der Elchschaufel – Das Schicksal der Trakehner; Parey, 1960

Guttmann, Ursula; Haflinger im Originalzuchtgebiet Südtirol; Hadlaub, 1967

Haflinger Pferdezuchtverband Tirol (Hrsg.); Der Haflinger: Begegnungen in Tirol, Südtirol und im Trentino; Athesia Tappeiner Verlag, 2020, ISBN 978-8870739435

Hafner, Marisa; Esel halten; Ulmer, 2005, ISBN 3-8001-4885-4

Hafner, Marisa-Schnelli; Esel: Eine Liebeserklärung an ein verkanntes Geschöpf; Christiana Verlag Stein am Rhein, 2002; ISBN 3-7171-1099-3

Haller, Martin; Der neue Kosmos-Pferdeführer; Kosmos, 2003, ISBN 3-440-09059-0

Haller, Martin; Die britischen Ponyrassen; Asmussen, 2006, ISBN 3-935985-26-6

Haller, Martin; Irlands bunte Pferde – Tinker, Irish Cob und Gypsy Horse – gestern und heute; Asmussen, 2018; ISBN 978-3935985-61-1

Haller, Martin; Ponys & Kleinpferde; Müller-Rüschlikon, 2001, ISBN 3-275-01368-8

Kapitzke, Gerhard; Pferde und Reiter der Camargue; Cadmos, 1999; ISBN 3-86127-340-3

Metz, Gabriele; Alles über Ponys; Kosmos, 2009; ISBN 978-3-440-11562-6

Neven-Dumont, Isabella; Arabische Pferde; Cadmos, 1997, ISBN 3-86127-319-5

Nürnberg, Heinz; Lipizzaner; VEB, Deutscher Landwirtschaftsverlag Berlin, 2. Aufl., 1984

Palmer, Joseph; The Dartmoor Pony – A History of the Breed; Devon Books, 1990; ISBN 0-86114-878-9

Paul, Winfried; Haflinger in Europa – Liebe ohne Grenzen; BLV, 1991, ISBN 3-405-13775-6

Pollay, Ulrike A./ Coleman, Seanie; Piebalds & Pony Kids – Photographie; Cant Verlagsbuchhandlung/ Books on Demand, 2004; ISBN 3-9806622-3-3

Pollay, Ulrike A.; Tinker Pony - Ansichten eines Pferdes; Cant Edition Verlags-buchhandlung, 2001; ISBN 3-9806622-1-7

Poortvliet, Rien; Auf dem Lande; Parey, 2. Aufl. 1980; ISBN 3-490-22111-7

Poortvliet, Rien; Pferde; Stalling, 1979, ISBN 3-7979-1957-3

Reißmann, Monika; Die Farben der Pferde; Cadmos, 2009, ISBN 978-386127460-5

Roth-Leckebusch, Petra; Westernpferde – Quarter Horses, Paint Horses, Appaloosas; Cadmos, 1996; ISBN 3-86127-309-8

Rousseau, Elise/ Le Bris, Yann; Pferde der Welt. 550 Rasseporträts; Haupt, 2014, ISBN 978-3-258-07892-2

Schmelzer, Angelika; Kaltblutpferde; Müller-Rüschlikon, 2005, ISBN 3-275-01534-6

Schmelzer, Ulrich; Fjordpferde – Die Falben der Wikinger; Cadmos, 2015; ISBN 978-3-8404-0019-3

Schmidt-Basler, Ursula; Pferde aus Licht und Schatten. Geschichte – Rassen – Farbvererbung der gefleckten und gescheckten Pferde; Kommissionsverlag Paul Parey, 1992; ISBN 3-489-75632-0

Schwark, Hans-Joachim/ Petzold, Petra; Das Haflinger Pferd; Westarp Wissen-schaftsverlag/ Die neue Brehm-Bücherei, 2005, ISBN 3-89432-172-5

Schweisgut, Johannes; Haflinger – Das goldene Pferd mit dem goldenen Herz; Ebbs, 2005

Schweisgut, Otto; Das Universalpferd - Der Haflinger; Haflinger Pferdezuchtver-band Tirol (Hrsg.), 1961

Schweisgut, Otto; Haflinger – Ein Pferd erobert die Herzen der Völker; Haflinger Pferdezuchtverband Tirol (Hrsg.), 1965

Silver, Caroline; Pferderassen der Welt; BLV, 1991; ISBN 3-405-13704-7

Silvester, Hans; Wilde Pferde der Camargue; Knesebeck, 2002, ISBN 3-89660-141-5

Slawik, Christiane/ Geipert, Susanne; Legendäre Pferde der Berber: Araber, Araber-Berber und Berber; Cadmos, 2016; ISBN 978-3-8404-0033-9

Slawik, Christiane; Tinker Ponys – Irlands coole Schecken; Cadmos, 2007, ISBN 978-386127352-3

Südtiroler Haflinger-Pferdezuchtverband (Hrsg.); Der Original-Haflinger und sein Ursprungszuchtgebiet Südtirol; Folio-Verlag, 1995; ISBN 3-85256-004-7

Svendsen, Elisabeth; Elisabeth Svendsens Eselbuch; Ulmer, 2011, ISBN 978-3-8001-7573-4

Tettenborn, Ulrich; Das Dartmoorpony; Eigenverlag, 2019

Thein, Peter u.a.; Handbuch Pferd; Bechtermünz, 2002; ISBN 3-8289-1641-4

Van den Heuvel, Petra; Friesenpferde – Reiten, Fahren, Halten; Cadmos, 2015; ISBN 978-3-8404-0031-5

Von Stenglin, Christian Freiherr; Hannoveraner – Ihre Geschichte, Zucht und Leistung; Frankh'sche Verlagsbuchhandlung, 1983; ISBN 3-440-05152-8

Waiditschka, Gudrun; Lusitanos – Pferde der Könige; Cadmos, 2001; 3-86127-362-4

Wulf, Urlich; Tirols blonde Pferde (Haflinger); Cadmos, 2007, ISBN 978-386127441-4

Weitere Bücher von der Autorin:

Das kleine Buch vom Deutschen Boxer; Books on Demand, 2020, ISBN 9783750469006; 13,00 €

Das kleine Buch vom Deutschen Spitz; Books on Demand, 2., überarb. Aufl. 2018, ISBN 9783744892896, 15,99 €

Das kleine Buch vom Dobermann; Books on Demand, 3., überarb. Aufl. 2020, ISBN 9783751930895; 16,99 €

Das kleine Buch vom Samojeden; Books on Demand, 4., überarb. Aufl. 2020, ISBN 9783751922852, 17,00 €

Das kleine Buch vom Tschechoslowakischen Wolfshund und Saarlooswolfhond; Books on Demand, 4., überarb. Aufl. 2020, ISBN 9783751959407; 25,00 €

Das kleine Buch vom Weißen Schweizer Schäferhund; Books on Demand, 2., überarb. Aufl. 2018, ISBN 9783743192508, 16,99 €

Das kleine Buch vom Wellensittich; Books on Demand, 2017, ISBN 9783743192508, 16,99 €

Das kleine Katzenbuch; Books on Demand, 2017, ISBN 9783743180116, 22,99 €

Das kleine Schlittenhunde-Buch; Books on Demand, 2018, ISBN 9783748107194; 18,00 €

Das kleine Schnüffelbuch; Books on Demand, 2020, ISBN ISBN 9783751902267; 14,99 €

Das Seidenpfotenbuch; Books on Demand, 2018, ISBN 9783749470549; 20,99 €

Deutsche Spitze: Vergessen und doch geliebt; Books on Demand, 2020, ISBN 9783750434660

Eisenach: Die Stadt am Fuße der Wartburg; Books on Demand, 2018, ISBN 9783752876659, 22,99 €

Eisenach: Die Stadt im grünen Herzen Thüringen; Books on Demand, 2020, ISBN 9783751954976; 17,00 €

Eisenach: Ein Bilderbuch; Books on Demand, 2018, ISBN 9783752802733, 9,99 €

Katzen: Liebenswerte Seidenpfoten; Books on Demand, 2018, ISBN 9783752839920; 12,00 €

Nasenarbeit für Hunde; Books on Demand, 2018, ISBN 9783752849660, 18,99 €

Ratten sind auch nur große Mäuse. Kleine Fellnasen mit großem Herz; Books on Demand, 2020, ISBN 9783751923262; 4,99 €

Rund um die Wartburg; Books on Demand, 2017, ISBN 9783746046945, 19,99 €

Schlittenhunde: Ein Bildband; Books on Demand, 2., überarb. Aufl. 2018, ISBN 9783746077505; 30,00 €

Weiß wie Schnee und Schwarz wie Ebenholz: Weißer Schweizer Schäferhund; Books on Demand; 2019, ISBN 9783749454211; 10,00 €

Weiße Schweizer Schäferhunde einmal anders; Books on Demand, 2018, ISBN 9783752895605; 16,99 €

Weiße Schweizer Schäferhunde: Perlen im Licht der Sonne; Books on Demand, 2018, ISBN 9783746066103; 20,99 €

Weißer Schweizer Schäferhund; Books on Demand, 2018, ISBN 9783752823653; 10,00 €

Wellensittiche: Liebenswerte Flatterbande; Books on Demand, 2019, ISBN 9783732290390; 15,00 €

Wellensittiche; Books on Demand, 2018, ISBN 9783746098517; 20,99 €

Ratten: Liebenswerte Riesenmäuse.; Books on Demand, 2021, ISBN 9783752659412; 7,00 €

Treue Freunde; Books on Demand, 2021; ISBN 9783753478654; 14.00 €

Das andere Katzenbuch; Books on Demand, 2021, ISBN 9783754325346; 7,00 €